I0038849

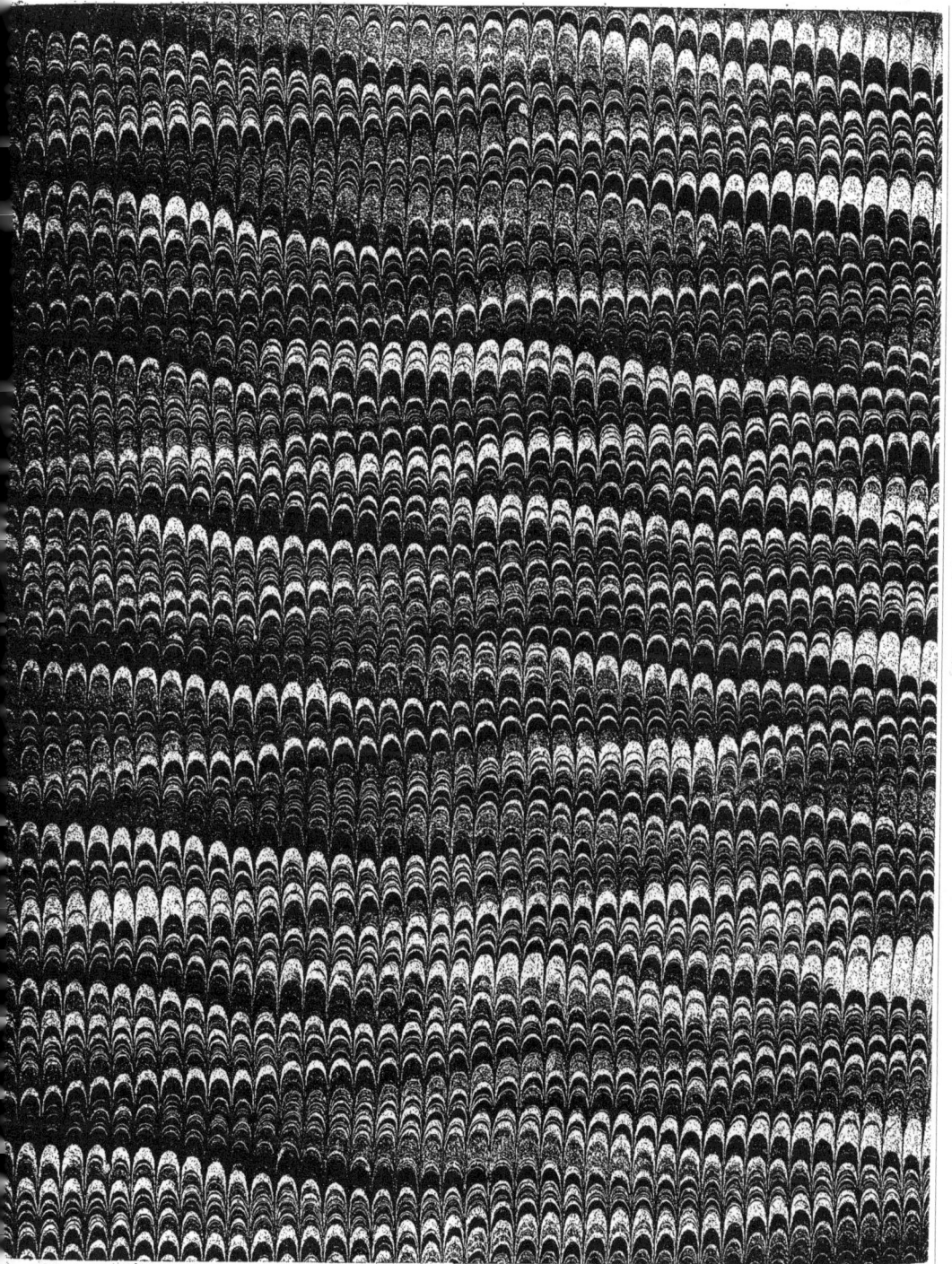

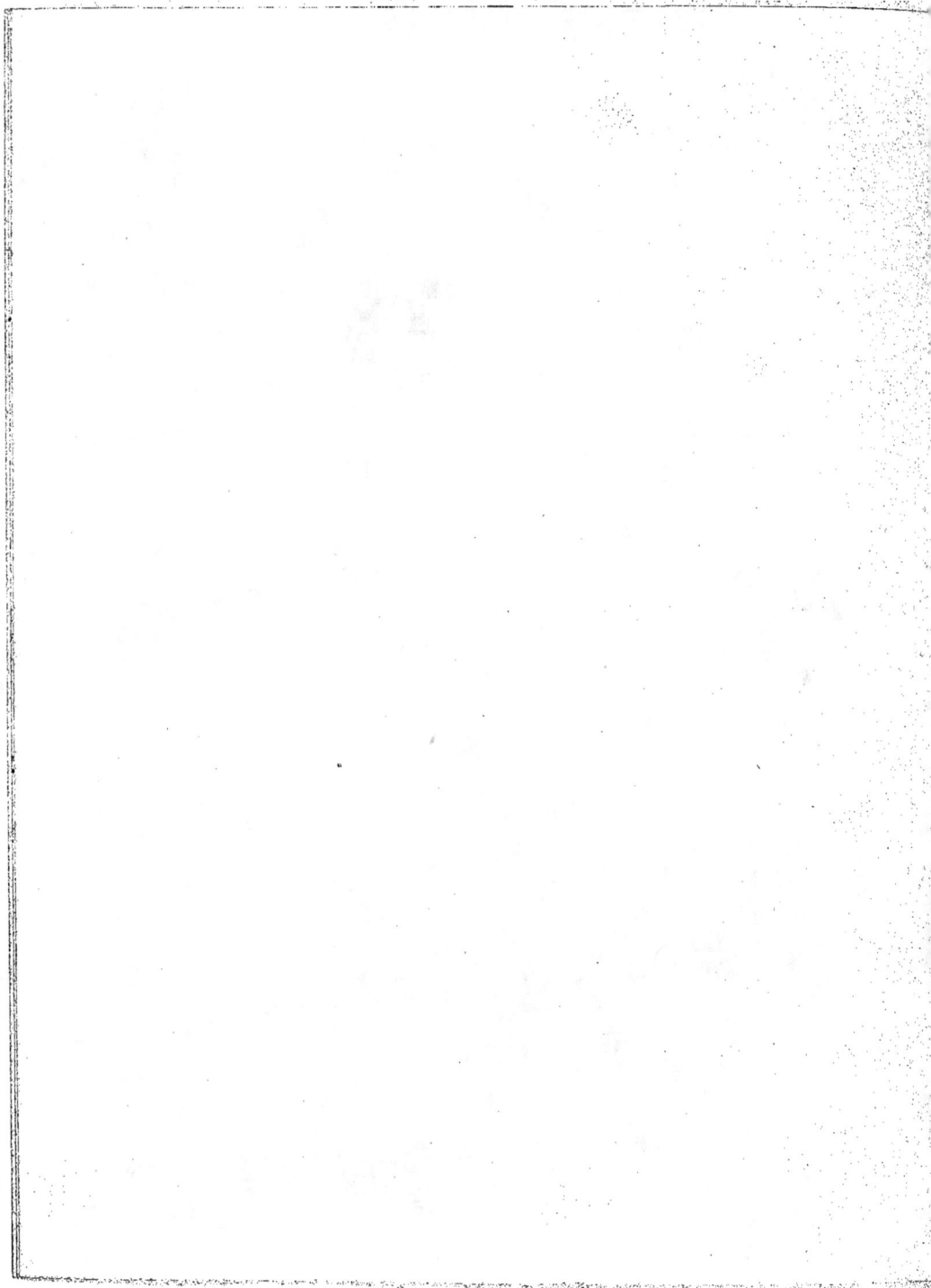

Histoire du Chien de Chien de Brisquet

illustrée
par **Steinlen**

sé vend chez

Édouard Pelletan
aux
Editions d'Art

FROMENT. Sc

EXEMPLAIRE N⁰ 4

IMPRIMÉ POUR

MONSIEUR MAURICE AUDÉOUD

POUR MA CHÈRE JEANNE
CETTE ÉDITION A ÉTÉ ÉTABLIE
A L'OCCASION DE L'EXPOSITION
UNIVERSELLE DE 1900.

E. P.

steinlen

Histoire
du Chien de Brisquet

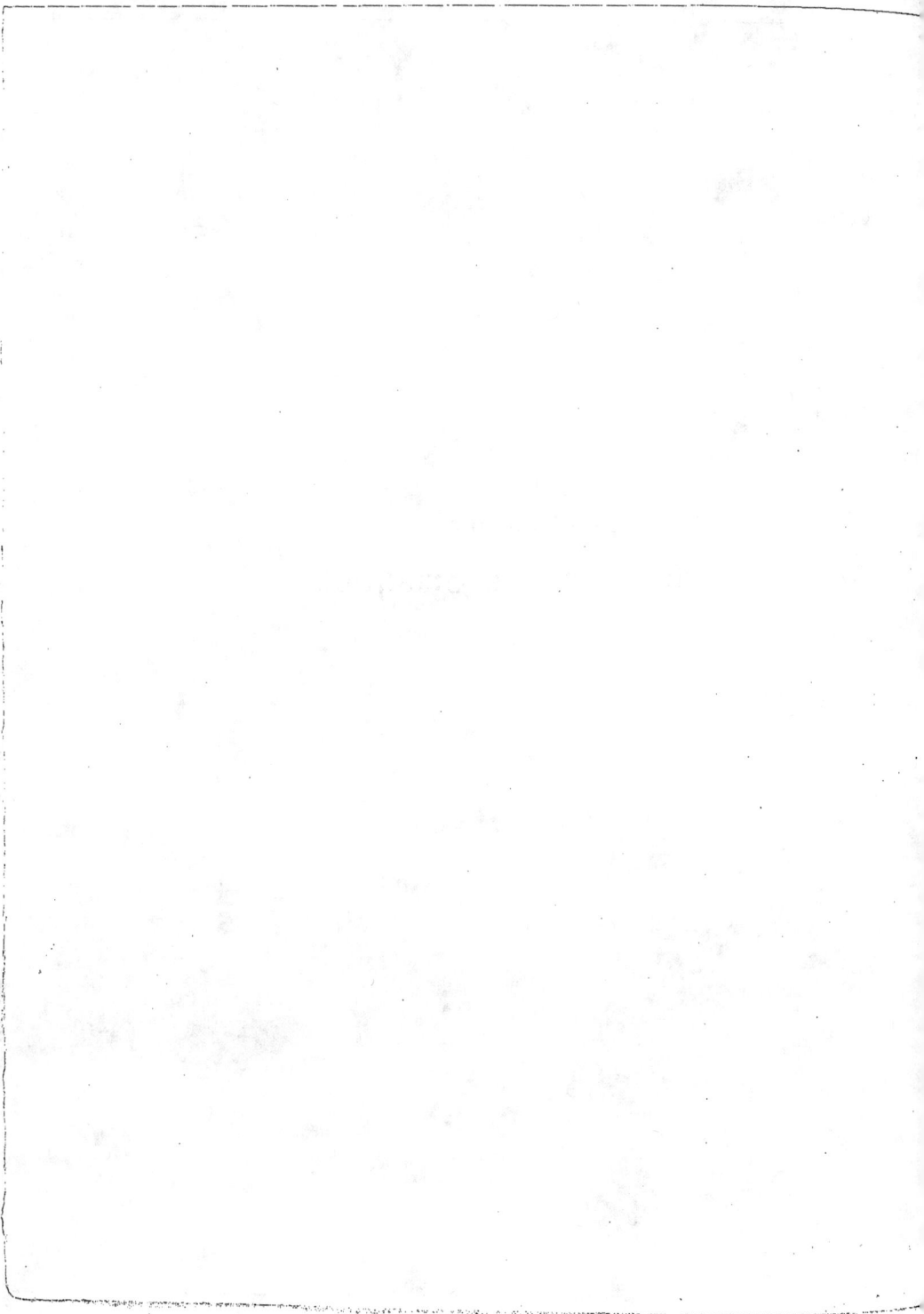

CHARLES NODIER

Histoire

du

Chien de Brisquet

PRÉCÉDÉE

D'UNE LETTRE A JEANNE

PAR

M. ANATOLE FRANCE

de l'Académie française

25 Compositions de Steinlen

GRAVÉES PAR DELOCHE, E. FROMENT

ERNEST ET FRÉDÉRIC FLORIAN

BIBLIOTHÈQUE NAT... DONATION AUDEOUD N° 83 IMPRIMÉ

E P

PARIS

ÉDOUARD PELLETAN, ÉDITEUR

125, BOULEVARD SAINT-GERMAIN, 125

1900

LETTRE A JEANNE

A Mademoiselle Jeanne Pelletan.

MADEMOISELLE,

Ce conte du Chien de Brisquet n'est pas aussi
vieux que les contes de Ma Mère l'Oie. Mais il
ne vous paraîtra pas nouveau, si je vous dis
qu'il fut écrit il y a soixante-dix ans et plus.
Le temps où Brisquet et la Bichonne vivaient
dans la forêt de Lions, en Normandie, est bien
plus ancien encore. Il n'y a plus de loups dans

2

*la forêt de Lions, ou, s'il en reste quelques-
uns, ils ne font guère parler d'eux. Leur nombre
a beaucoup diminué en France, où on leur a
fait une guerre terrible; et ils y auraient été
complètement détruits, comme ils l'ont été en
Angleterre, s'il n'en arrivait pas sans cesse de
nouvelles colonies. Je pense que la pierre sur
laquelle le maître d'école écrivit le nom de la
Bichonne a disparu sous l'herbe et la mousse.
Mais la Bichonne sera vivante pour vous tout
le temps que vous lirez son histoire; elle revi-
vra pour vous chaque fois que vous penserez
à elle. En lisant des histoires, nous vivons dans
les temps passés. Et cela allonge beaucoup
notre vie. Nous sommes contemporains de tous
les hommes d'autrefois dont nous connaissons
les actions. C'est un grand avantage.*

*Je suis sûr que le conte de la Bichonne vous
plaira; il est court et pourtant il contient beaucoup de choses. Vous y verrez un père, une
mère, deux petits enfants, un chien, des loups,
la neige, la forêt profonde. Vous admirerez*

le courage de la Bichonne qui défend contre les loups les deux enfants de son maître, et vous la plaindrez de mourir en les sauvant. Vous la plaindrez et vous l'admirerez plus encore, car sa mort est belle et, puisque enfin elle était mortelle comme nous, il faut moins la plaindre que l'envier.

Le danger qu'elle affronta, elle le connaissait. Les chiens ont du loup une terreur héréditaire. Ils tremblent et fuient à son odeur. Ils ne l'attaquent jamais, à moins d'être de forte race et bien dressés, ce qui n'est pas le cas du chien de Brisquet, dont la taille était médiocre et qui, si le proverbe a dit vrai, n'allait pas au bois.

La Bichonne n'est pas le seul chien qui ait donné aux hommes l'exemple de bien faire. Il y a des animaux vertueux. Je n'ai pas l'honneur de connaître personnellement une bête d'un aussi grand cœur qu'était la Bichonne. Du moins, ai-je deux amis chiens qui m'ont inspiré l'un et l'autre une sincère estime : c'est

*Riquet, terrier d'un brun foncé, et Sheep, qui
est café au lait. Ils n'ont point tous deux le
même caractère. Riquet, qui comme la Bichonne est peut-être bien une chienne, a de la
prudence, de la modération, une ferme raison
et aussi un amour-propre qu'on ne saurait re-
procher à cette excellente bête, car elle le met
à bien faire. Sheep a moins de réflexion; mais
il ne craint rien. Il est généreux, brave, intré-
pide. Il affronte chaque jour les plus terribles
aventures. Mais Sheep et Riquet sont des cita-
dins. Ils ont perdu le sens profond de la nature.
La Bichonne vivait dans la forêt, avec des
hommes presque aussi simples qu'elle. Elle
comprenait la vie et savait son devoir. Elle
mourut en l'accomplissant.*

* Riquet, qui est couché dans le fond de mon
grand fauteuil pendant que je vous écris, Mademoiselle, n'a pas une idée aussi nette de ses
devoirs dans ma maison. Il sait qu'il doit faire
bonne garde; mais il ne sait pas bien exacte-
ment ce qu'il doit garder. Il n'a pu accomplir*

*le tour de mon logis, qui est contigu à d'autres
logis, à la façon des habitations citadines,
pressées les unes contre les autres. Il connaît
mal le domaine confié à sa fidélité. Il est trop
honnête chien pour ne pas aboyer au danger;
mais, faute de discerner l'ennemi, il donne
toute sa voix d'un seul coup à l'heure où
l'ombre, commençant à couvrir la terre, favo-
rise les entreprises perfides et les lâches atten-
tats. Tout le reste du jour il garde une tran-
quillité monastique et ne me témoigne son ami-
tié que par les longs regards de ses beaux
yeux humains. La Bichonne, vivant à l'orée
du bois, était mieux exercée à combattre.*

*Pour vous rendre plus sensible l'histoire de
cette bête magnanime, un artiste vigoureux et
sincère, M. Steinlen, a fait des dessins sur le
texte du vieil auteur. Ces dessins vous feront
voir le bûcheron, sa femme et ses enfants et ils
vous feront connaître la forêt de Lions. Blanche
de neige et noire d'hiver, remplie de loups, pleine
d'horreur, cette forêt aura pour vous le charme*

puissant que la terre exerce sur ses enfants.
C'est une forêt de notre pays de France. Vous
l'aimerez dépouillée et sombre, la forêt natale,
à qui le printemps rendra son feuillage sonore
et l'herbe et les fleurs de ses clairières.

    Je sais que vous avez beaucoup de goût pour
les livres à images. Moi aussi. Et c'est une
sympathie qui nous réunit tous les deux. Les
livres à images me semblent une chose tout à
fait agréable. L'esprit et les yeux s'y conten-
tent à la fois, et c'est double plaisir, à condition
que le texte et les figures s'accordent bien en-
semble, ce qui n'arrive pas toujours, ce qui
même n'arrive pas souvent. Je crois bien que
cela est arrivé cette fois.

    Mademoiselle, c'est en pensant à vous que
votre père, si savant dans son art, a construit
ce beau livre d'enfant. Il a mis son étude et
ses soins à le conformer à l'idée qu'il s'est
faite, par usage et réflexion, de la bonne typo-
graphie. Et, l'œuvre accomplie, il veut que
j'aie le plaisir de vous le présenter.

Recevez-le donc des mains d'un vieil ami; et puisse l'histoire du Chien de Brisquet intéresser votre pensée naissante et vos yeux tout frais qui commencent à s'ouvrir sur l'antique univers!

Croissez, Mademoiselle, en grâce et en sagesse; c'est le vœu de votre vieil ami.

ANATOLE FRANCE.

Histoire
DU
Chien
DE
Brisquet

En notre forêt de
Lions, vers le hameau
de la Goupillière, tout près

d'un grand puits-fontaine qui appartient à
la chapelle Saint-Mathurin, il y avoit un bon
homme, bûcheron de son état, qui s'appeloit

Brisquet, ou autrement le fendeur à la bonne
hache, et qui vivoit pauvrement du produit
de ses fagots, avec sa femme qui s'appeloit
Brisquette.

Le
bon
Dieu leur avoit donné
deux jolis petits enfants, un
garçon de sept ans qui étoit
brun et qui s'appeloit Biscotin, et une blondine de six
ans qui s'appeloit Biscotine.
Outre cela, ils avoient un
chien bâtard à poil frisé,
noir par tout le corps, si
ce n'est au museau qu'il avoit couleur de
feu; et c'étoit bien le meilleur chien du
pays pour son attachement à ses maîtres.

On l'appeloit *la Bichonne*, parce
que c'étoit peut-être une chienne.

Vous vous souvenez du temps
où il vint tant de loups dans la
forêt de Lions. C'étoit dans l'année
des grandes neiges, que les
pauvres gens eurent si grand'-
peine à vivre. Ce fut une terrible

désolation dans le pays.
Brisquet, qui alloit toujours à
sa besogne et qui ne craignoit pas
les loups à cause de sa bonne hache,
dit un matin à Brisquette : « Femme, je
« vous prie de ne laisser courir ni Biscotin ni

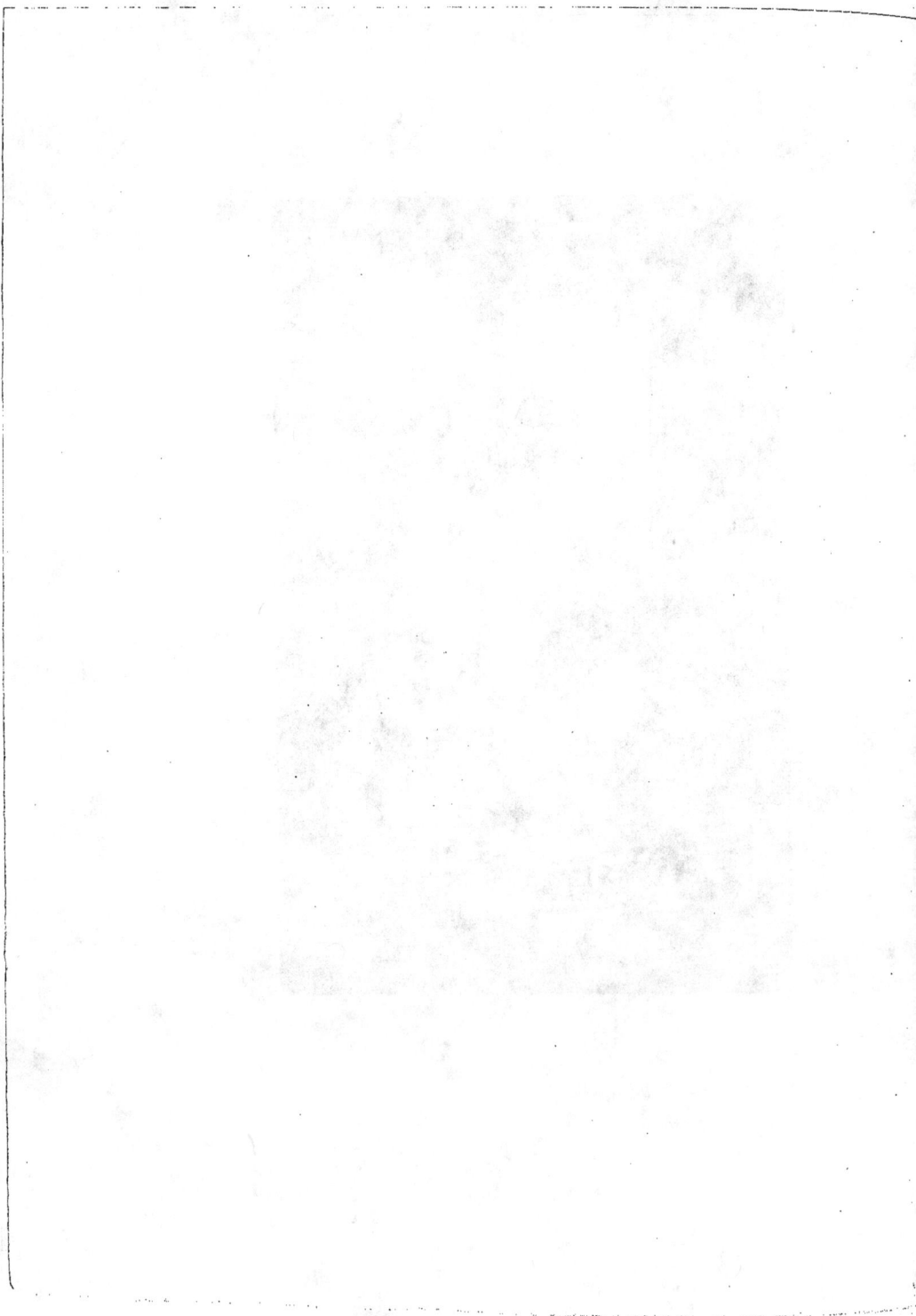

« Biscotine tant que Monsieur le grand lou-
« vetier ne sera pas venu. Il y auroit du
« danger pour eux. Ils ont assez de quoi
« marcher entre la butte et l'étang, depuis
« que j'ai planté des piquets le long de l'étang
« pour les préserver d'accident. Je vous prie
« aussi, Brisquette, de ne pas laisser sortir
« la Bichonne qui ne demande qu'à trotter. »

Brisquet disoit tous les matins la même
chose à Brisquette. Un
soir il n'arriva pas à
l'heure ordinaire. Bris-
quette venoit sur le pas
de la porte, rentroit,
ressortoit, et disoit en
se croisant les mains :
« Mon Dieu, qu'il est
« attardé!... »

Et puis elle sortoit
encore, en criant : « Eh!
« Brisquet! »

Et la Bichonne lui sautoit

jusqu'aux épaules, comme pour lui dire : —
N'irai-je pas?

« Paix! lui dit Brisquette. — Écoute, Bis-
« cotine, va jusque devers la butte pour savoir

« si ton père ne revient pas. — Et toi, Bis-
« cotin, suis le chemin au lóng de l'étang,
« en prenant bien garde s'il n'y a pas de
« piquets qui manquent. — Et crie fort :
« Brisquet! Brisquet!... »

« Paix! la Bichonne! »

Les enfants allèrent, allèrent, et quand ils
se furent rejoints à l'endroit où le sentier de
l'étang vient couper celui de la butte : « Mor-
« dienne, dit Biscotin, je retrouverai notre
« pauvre père, ou les loups m'y mangeront. »

« Pardienne, dit Biscotine, ils m'y man-
« geront bien aussi. »

Pendant ce temps-là, Brisquet étoit revenu
par le grand chemin de Puchay, en passant
à la Croix aux ânes sur l'abbaye de Mortemer,
parce qu'il avoit une hottée de cotrets à four-

nir chez Jean Paquier. — « As-tu vu nos
« enfants? » lui dit Brisquette.

« Nos enfants? dit Brisquet. Nos enfants?
« mon Dieu! sont-ils sortis? »

« Je les ai envoyés à ta rencontre jusqu'à
« la butte et à l'étang, mais tu as pris par un
« autre chemin. »

Brisquet ne posa pas sa bonne hache. Il

se mit à courir du côté de la butte.

« Si tu menois la Bichonne? »
lui cria Brisquette.

La Bichonne étoit déjà bien
loin.

Elle étoit si loin que Brisquet la perdit bientôt de vue.
Et il avoit beau crier :
« Biscotin, Biscotine! » on
ne lui répondoit pas.

Alors il se prit à pleu-
rer, parce qu'il s'ima-
gina que ses enfants
étoient perdus.

Après avoir couru
longtemps, longtemps,
il lui sembla recon-
noître la voix de
la Bichonne. Il
marcha

droit dans le fourré, à l'endroit où il l'avoit
entendue, et il y entra, sa bonne hache levée.

La Bichonne étoit arrivée là, au moment

où Biscotin et Biscotine alloient être dévorés
par un gros loup. Elle s'étoit jetée devant en
aboyant, pour que ses abois avertissent Brisquet. Brisquet d'un coup de sa bonne hache
renversa le loup roide mort, mais il étoit

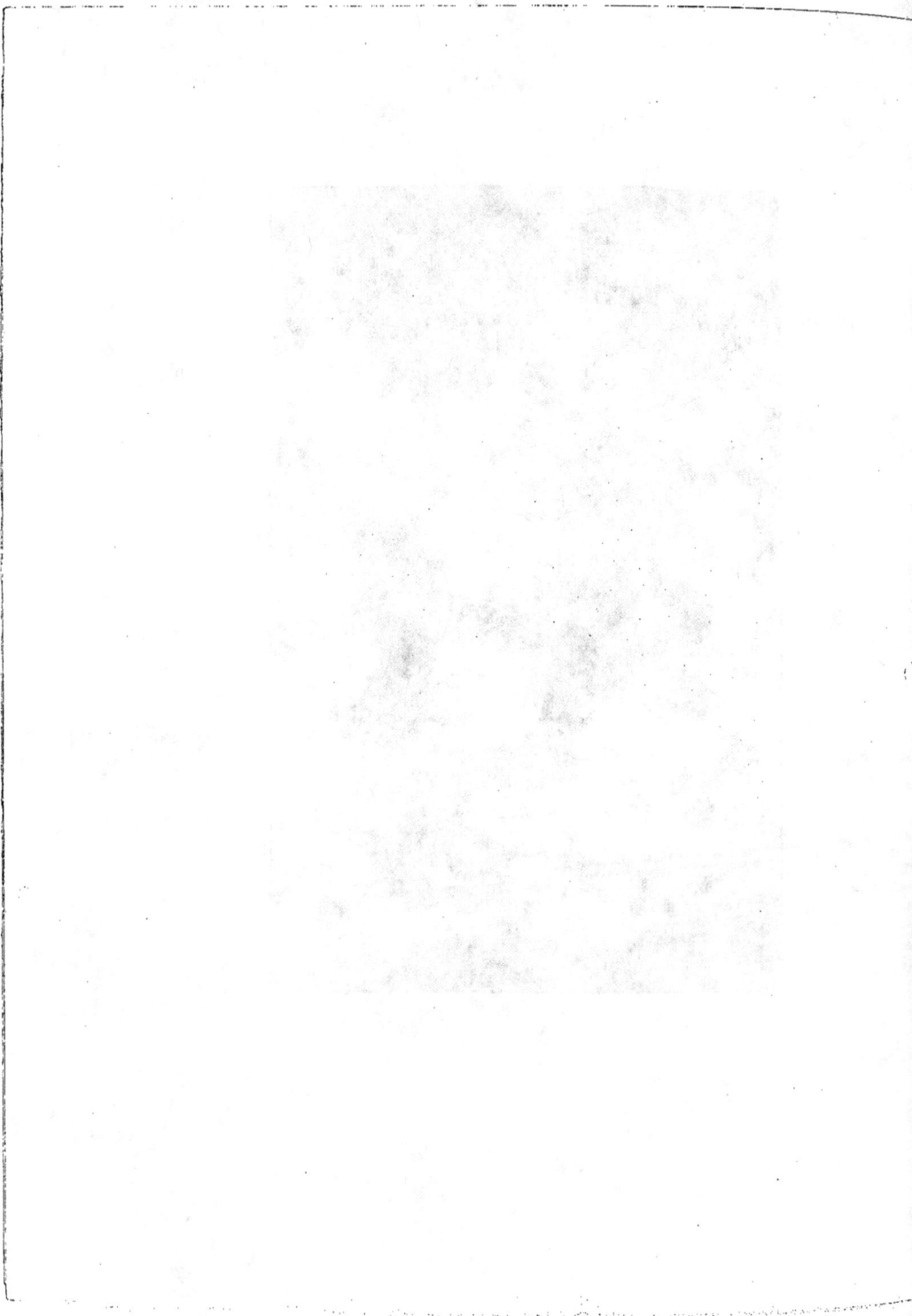

trop tard pour la Bichonne. Elle ne vivoit
déjà plus.

Brisquet, Biscotin et Biscotine rejoignirent

Brisquette. C'étoit une grande joie, et cepen-
dant tout le monde pleura. Il n'y avoit pas
un regard qui ne cherchât la Bichonne.

Brisquet enterra la Bichonne au fond de
son petit courtil sous une grosse pierre sur

laquelle le maître d'école écrivit en latin :

C'EST ICI QU'EST LA BICHONNE,

LE PAUVRE CHIEN DE BRISQUET.

Et c'est depuis ce temps-là qu'on dit en commun proverbe : *Malheureux comme le chien à Brisquet, qui n'allit qu'une fois au bois, et que le loup mangit.*

TABLE DES MATIÈRES

ET DES

GRAVURES

CETTE édition a été établie
par Édouard Pelletan, avec
le concours de Steinlen
pour les compositions, et de Deloche,
Froment, Ernest et Frédéric Florian,
pour la gravure.

Tiré à cent vingt-sept exemplaires
numérotés en chiffres arabes et cin-
quante de présent en chiffres romains
—dont vingt sur papier mécanique pour
les enfants — elle a été achevée d'im-
primer par Lahure, le 31 mars 1900,
Ouivet étant prote, Marpon et Dupont
pressiers.

BIBLIOTHÈQUE NATIONALE
IMPRIMÉS

CHARLES NODIER

Histoire
du
Chien de Brisquet

PRÉCÉDÉE

D'UNE LETTRE A JEANNE

PAR

M. ANATOLE FRANCE

de l'Académie française

25 Compositions de Steinlen

DONT CINQ HORS TEXTE EN COULEURS

GRAVÉES PAR DELOCHE,

FROMENT, ERNEST ET FRÉDÉRIC FLORIAN

Un volume in-4°, tirage limité à **127** exemplaires numérotés

Établi spécialement pour l'Exposition universelle de 1900

—◇—

Un exemplaire (n° 1) sur whatman, contenant tous les dessins originaux, avec une double suite d'épreuves d'artiste signées, sur japon mince et sur chine . . . . (*Souscrit.*)

Un exemplaire (n° 2) sur whatman, contenant un dessin original sur chacun des faux-titres avec une double suite d'épreuves d'artiste signées, sur japon mince et sur chine. (*Souscrit.*)

Vingt-cinq exemplaires (n°° 3 à 27) sur grand vélin à la cuve des papeteries du Marais, filigrané KTHMA ΕΣ AEI, contenant un dessin original de Steinlen et une double suite d'épreuves d'artiste signées, sur japon ancien et sur chine, au prix *net* de . . . . 350 fr.

Cent exemplaires (n°° 28 à 127) sur grand vélin à la cuve des papeteries du Marais, filigrané KTHMA ΕΣ AEI, au prix de . . . . 125 fr.

Il a été tiré en outre 15 collections d'épreuves d'artiste signées, de toutes les gravures, dont :

5 sur japon ancien au prix *net* de. . . . . 125 fr.

10 sur chine, au prix *net* de . . . . 100 fr.

Plus 10 collections polychromes, sur chine.

Plus 10 collections, sur chine, des gravures non

utilisées pour l'édition.

Histoire du Chien de Brisquet

illustrée par Steinlen

se vend chez

Édouard Pelletan aux Éditions d'Art

BIBLIOTHÈQUE NATIONALE DONATION AUDEOUD AUX IMPRIMÉS

FROMENT SC

E. Delâtre

Steinlen

R.F.

Florian

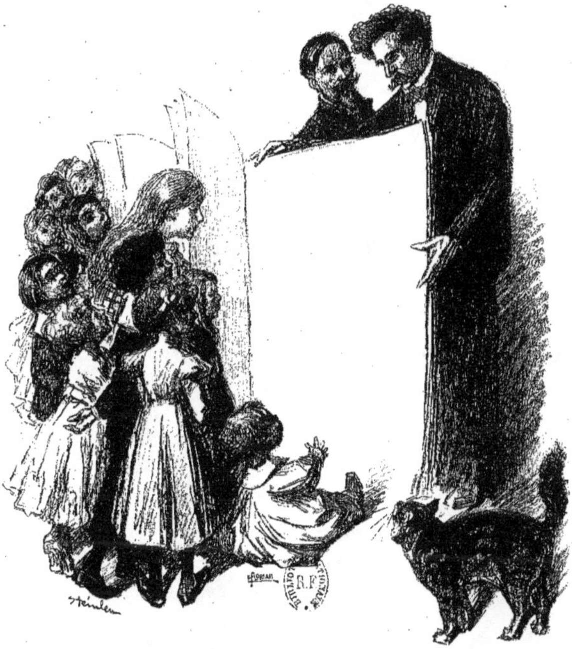

Steinlen   R F   FROMENT.

steinlen

Steinlen

'FROMENT'

BIBLIOTHÈQUE R.P.

E. Пономарев

steinlen

FROMENT

R.F.

E. Nava...

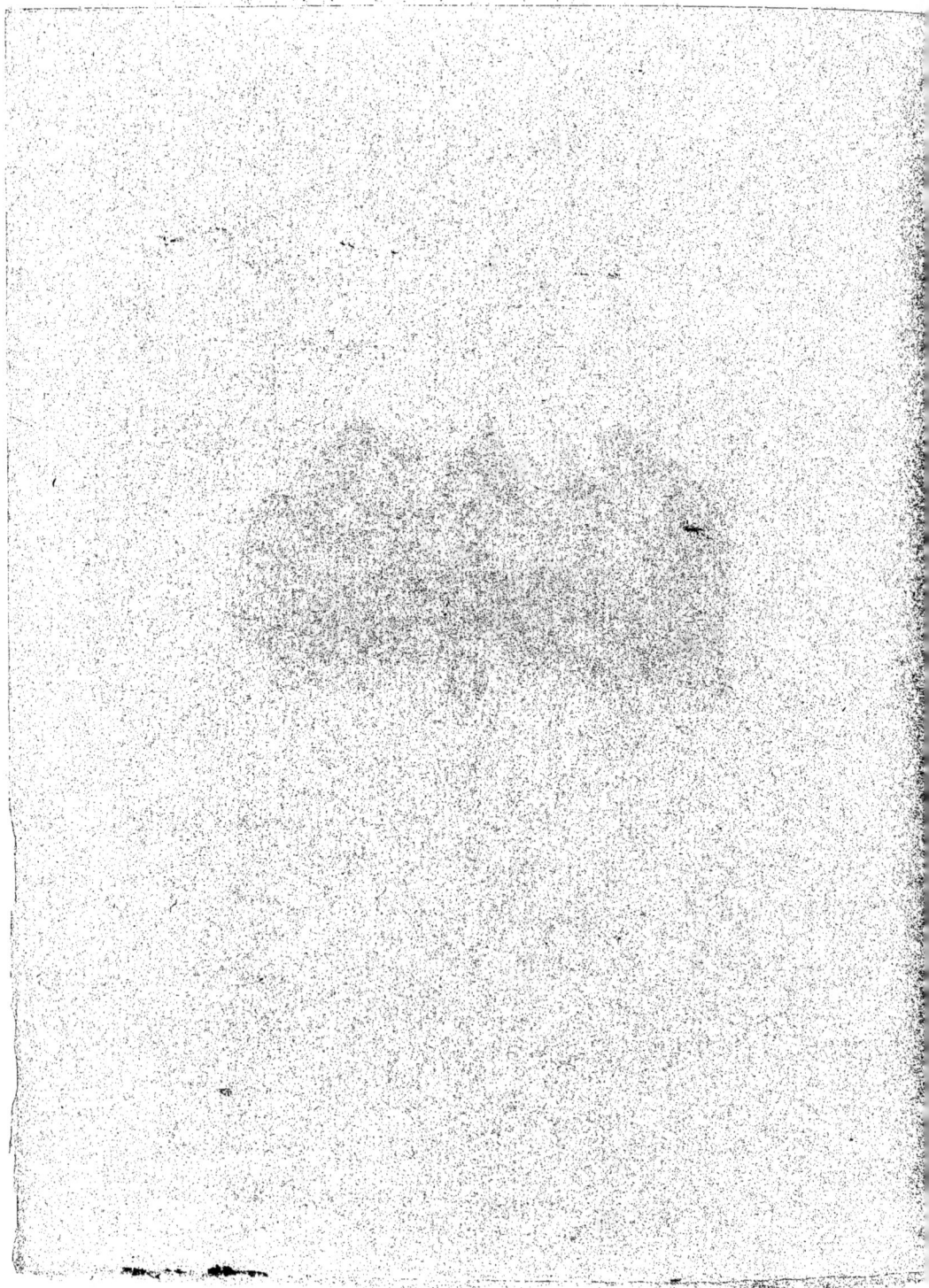

E. Morin

Histoire du Chien de Chien de Brisquet

illustrée par Steinlen

se vend chez Édouard Pelletan aux Éditions d'Art

BIBLIOTHÈQUE NATIONALE DONATION AUDÉOUD

FROMINT. sc

steinlen

R.F.

Florian

Steinlen

FROMENT.

[Library stamp]

P Glaumere

E. Delort

Steinlen   'FROMENT'

R.F.

BIBLIOTHÈQUE NATIONALE R.F.

Florian

E. Florian

L. Florian

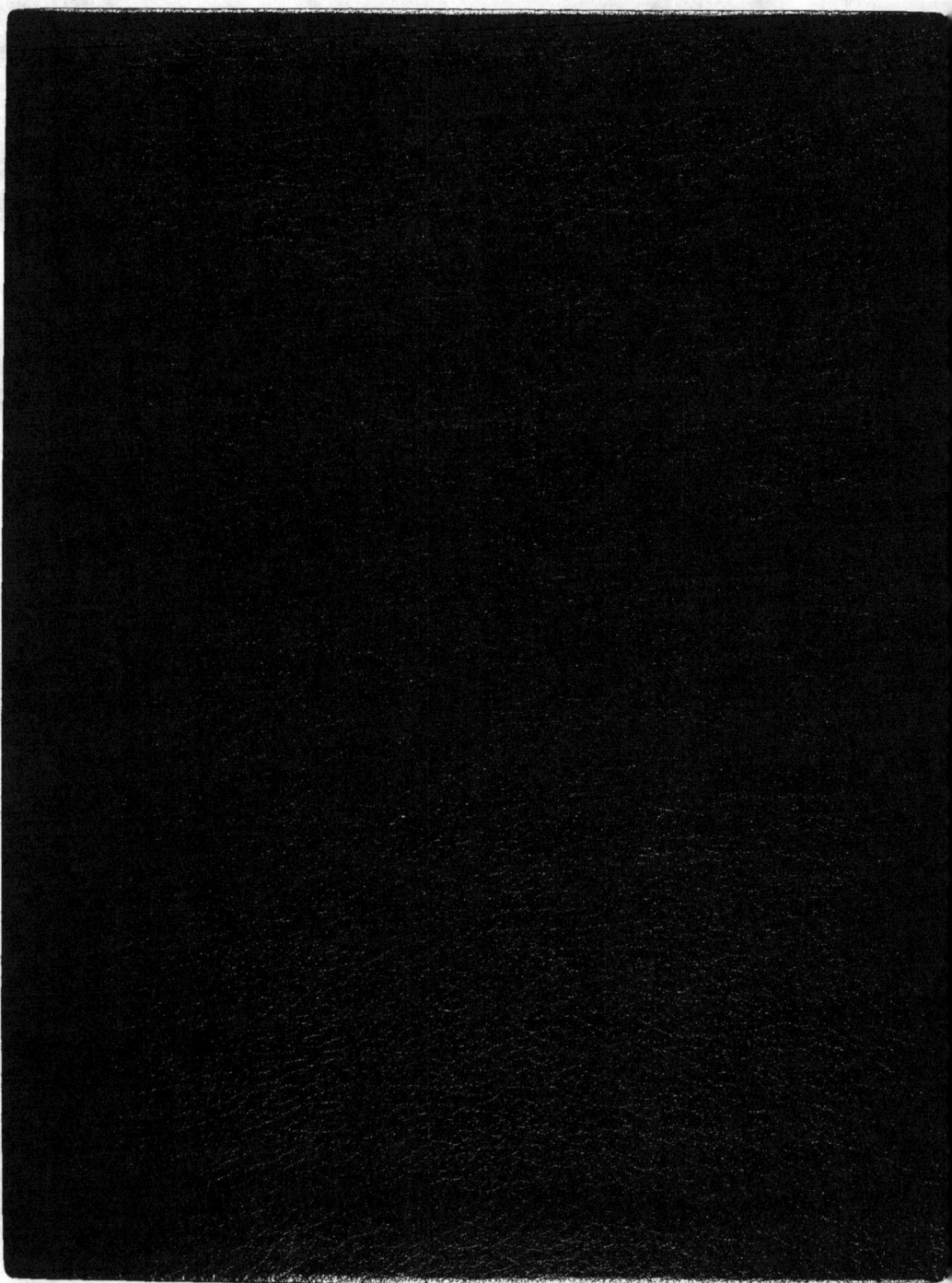

CHARLES
NODIER

HISTOIRE
DU CHIEN
BRISQUET

www.ingramcontent.com/pod-product-compliance
Lightning Source LLC
Chambersburg PA
CBHW072237270326
41930CB00010B/2172

* 9 7 8 2 0 1 9 5 7 9 4 0 1 *